AF487579